VENTE LE JEUDI 3 FÉVRIER 1870

PAR SUITE DU DÉCÈS

De M. le Baron d'OUTHOORN

TABLEAUX

PAR

MEISSONIER

Decamps, Marilhat, Diaz et Plassan

PORCELAINES DE SÈVRES

MEUBLES ET BRONZES LOUIS XV ET LOUIS XVI

EXPOSITIONS

PARTICULIÈRE : le Mardi 1er Février 1870

PUBLIQUE : le Mercredi 2 Février 1870

Me ESCRIBE	MM. PETIT et MANNHEIM
COMMISSAIRE-PRISEUR	EXPERTS

PARIS — 1870

RENOU ET MAULDE

IMPRIMEURS DE LA COMPAGNIE DES COMMISSAIRES-PRISEURS

Rue de Rivoli, 144

CATALOGUE

DE

TABLEAUX

PAR

Meissonier, Decamps, Marilhat
Diaz et Plassan

ET DE

MEUBLES, BRONZES, PORCELAINES DE SÈVRES

DES ÉPOQUES LOUIS XV ET LOUIS XVI

Dont la Vente aura lieu

PAR SUITE DU DÉCÈS

De M. le baron d'OUTHOORN

HOTEL DROUOT, SALLE N° 8

Le Jeudi 3 Février 1870

A DEUX HEURES TRÈS-PRÉCISES

Par le ministère de Mᵉ **ESCRIBE**, Commissaire-Priseur,
rue de Hanovre, 6,
Assisté de **MM. PETIT** et **MANNHEIM**, Experts,
rue Saint-Georges, 7.

EXPOSITIONS

PARTICULIÈRE	PUBLIQUE
Le Mardi 1ᵉʳ Février 1870	Le Mercredi 2 Février 1870

DE UNE HEURE A CINQ HEURES

PARIS — 1870

CONDITIONS DE LA VENTE

Elle sera faite au comptant.

Les Acquéreurs paieront, en sus des adjudications, CINQ CENTIMES PAR FRANC applicables aux frais.

AVIS. — Les Tableaux seront vendus au commencement de la vacation, à deux heures précises.

Collection de M. le Baron d'OUTHOORN

Les Tableaux et les Objets d'art, que renferme
cette collection, sont en fort petit nombre, mais
tous choisis avec beaucoup de goût.

M. le baron d'Outhoorn, ancien officier supérieur de l'armée hollandaise, était fixé à Paris
depuis de longues années; amoureux passionné
des belles choses, vivant beaucoup chez lui, il
s'était composé un intérieur digne d'un véritable
amateur; rien de superflu, chaque chose avait sa
place; on sentait l'amateur plutôt que le collec-
tionneur.

Son salon contenait seulement six tableaux,
dont quatre par Meissonier, le cinquième par
De. amps, le sixième par Marilhat; six véritables
bijoux. Parmi les Meissonier, deux sont tout à
fait inconnus; ils sont sortis de l'atelier de l'artiste
pour entrer dans le salon de l'amateur; et le
Baron, jaloux des trésors qu'il possédait, ne voulut

jamais les laisser sortir de chez lui pour aucune exposition. Ces quatre tableaux sont l'expression toute entière du talent de Meissonier.

Decamps et Marilhat nous représentent l'Orient avec ses grandes lignes, ses sites sévères, mais pleins de soleil et de lumière. Ces deux tableaux, quoique fort petits, sont de premier ordre comme qualité.

Nous trouvons encore dans cette collection trois charmants tableaux de Diaz et de Plassan.

Les Objets d'art se composent de porcelaines de vieux Sèvres, vases, écuelles, tasses, etc.; bronzes d'ameublements précieux des époques Louis XV et Louis XVI, lustre en cristal de roche, meubles ornés de plaques de vieux Sèvres, autres meubles du temps de Louis XVI, dont quelques-uns de Riesener; tous ces objets, nous le répétons, avaient été choisis avec un goût exquis.

DÉSIGNATION

TABLEAUX

MEISSONIER

1 — Halte de voyageurs à l'entrée d'un bois.

Deux gentilshommes à cheval sont arrêtés à
l'entrée d'un bois devant une maison de garde,
toute tapissée de rosiers grimpants; l'un d'eux
prend un verre que le garde lui présente sur un
plateau, l'autre es déjà en train de boire. Le premier, vu de dos, monte un cheval noir, il est vêtu
d'un costume de l'époque de Louis XVI, hab.t
gris, chapeau à cornes, bottes à l'écuyère; le
second, vu de profil, monte un cheval blanc et
porte un habit rouge.

Les rayons du soleil passent à travers les branches des grands arbres du bois, qui s'étend au
loin à perte de vue.

Ce charmant tableau, daté *septembre 1865*, est
complétement inconnu; il passa directement de
l'atelier de l'artiste dans la collection de M. le
baron d'Outhoorn.

Bois. — H. 23 c. L. 19 c.

MEISSONIER

2 — Jeune Homme à l'étude.

On se sent bien chez un savant, les rayons de
la bibliothèque sont remplis de livres de science,
des meilleurs auteurs sans doute, car la plupart
ont déjà été feuilletés bien des fois ; l'air et la lumière entrent à flots par la fenêtre ouverte.

Le jeune homme est absorbé par son travail, le
menton appuyé sur sa main gauche et tenant une
plume de l'autre main ; il est assis, les jambes
croisées sous la table, et enveloppé d'une grande
robe de chambre bleue à fleurs.

Ce tableau, daté 1862, est comme le précédent
complétement inconnu. Il est impossible de
trouver une œuvre plus réussie à tous les points
de vue.

Bois. — H. 32 c. L. 27 c.

MEISSONIER

3 — Le Vin du curé.

Un curé et un gentilhomme campagnard sont
attablés dans la salle à manger du presbytère ; le
dessert est servi, c'est le moment de la causerie et
peut-être de discuter la qualité du vin que chacun va déguster ; les verres sont pleins, le gentil-
nomme écoute en souriant la causerie de l'abbé.

Ici, nous sommes bien au presbytère, la salle à
manger est toute tapissée de chêne, les chaises,
de paille, la nappe, bien blanche, le grand bahut,
entr'ouvert, tout est simple et bien dans le
caractère du sujet. Daté 1860.

Bois. — H. 11 c. L. 16 c

MEISSONIER

4 — **Un Amateur de dessins.**

Un jeune homme, à la tête fine et intelligente,
vêtu d'un habit rouge, culotte noire et bas blancs,
est debout, appuyé contre une table près d'une
fenêtre. Il tient de ses deux mains un dessin qu'il
regarde attentivement et qu'il vient de sortir
d'un portefeuille placé sur une chaise et ouvert
contre lui.

On voit, au mur du fond de la chambre, des
tableaux et des études accrochés.

Ce tableau, daté 1850, est très-fin et très-vigou-
reux de ton.

Bois. — H. 16 c. L. 10 c.

DECAMPS

5 — **Chasse au sanglier en Anatolie.**

Les lignes du paysage sont élégantes et sévères,
les montagnes du fond sont inondées de la lumière du soleil. Au premier plan, de grands pins

et des buissons touffus, le sanglier est serré de
près par de grands lévriers, les chasseurs accou-
rent, les uns à pieds, les autres à cheval, vêtus
du pittoresque costume asiatique.

C'est un charmant tableau, d'une exécution
très-fine, daté 1850.

Toile. — H. 23 c. L. 38 c.

MARILHAT

6 — Caravane passant un gué.

Des Arabes, divisés en plusieurs groupes, les
uns montés sur des chameaux, d'autres à pied,
traversent un paysage où passe un cours d'eau;
on aperçoit au loin une ville et des montagnes.

Le ciel est plein de soleil, tout le paysage est
noyé dans la lumière. C'est un tableau d'un ton
délicat et fin; et d'un effet simple et charmant.

Toile. — H. 17 c. L. 34 c.

DIAZ

7 — Nymphe et Amour.

Une Nymphe, à demie-enveloppée d'une dra-
perie blanche, est assise sur un tertre dans un
bois. L'Amour debout, près d'elle, l'écoute et
semble discuter.

Les figures sont modelées avec un soin
extrême.

Toile. — H. 32 c. L. 24 c.

PLASSAN

8 — Le Goûter.

Une jeune mère, assise dans un grand fauteuil, tient entre ses genoux un jeune enfant en chemise, auquel elle présente une pomme.

Bois. — H. 18 c. L. 13 c.

PLASSAN

91 — Les Fruits.

Une jeune femme, vêtue d'un long peignoir blanc, vient poser des fruits sur une console devant une glace.

Bois. — H. 18 c. L. 13 c.

BOUCHER (F). Signé

10 — Tête de jeune fille.

Pastel. — H. 40 c. L. 32 c.

PORCELAINES DE SÈVRES

11 — Deux jolis Vases, modèle dit pot-pourri, à couvercles, en vieux Sèvres, pâte tendre, fond bleu turquoise, décorés de beaux médaillons d'oiseaux et enrichis de parties découpées à jour, avec encadrements en relief rehaussés d'or. Époque Louis XV.

Haut. 25 cent.

12 — Deux autres jolis Vases de même forme, en vieux Vincennes, fond gros bleu, dit de Vincennes, rehaussés d'or et médaillons d'Amours, dans le style de Boucher, en camaïeu rose. Époque Louis XV.

Haut. 24 cent.

13 — Grande et belle Écuelle avec couvercle et plateau en vieux Sèvres, pâte tendre, fond bleu de Vincennes, décorée de riches médaillons d'oiseaux, avec encadrements d'or ; elle provient de la collection Hope. Époque Louis XV.

14 — Autre Écuelle avec couvercle et plateau, plus petite que celle qui précède, en porcelaine tendre, fond gros bleu de Vincennes, décorée de médaillons d'Amours en camaïeu rose avec encadrements d'or.

15 — Grande et belle Tasse à deux anses, avec couvercle et soucoupe en vieux Sèvres, pâte tendre, fond bleu turquoise, décorée de beaux médaillons de fleurs et enrichie de dentelles d'or. Époque Louis XVI.

16 — Grande et belle Tasse en vieux Sèvres, pâte tendre, forme droite, fond gros bleu avec frise d'ornements d'or et médaillon de paysage avec figure. Le médaillon de la tasse offre une figure de jeune garçon, portant un nid d'oiseaux dans son chapeau. Époque Louis XVI.

17 — Autre jolie Tasse, de forme arrondie, en vieux Sèvres, pâte tendre, décorée de sujets champêtres, avec figures d'enfants, dans le style de Boucher, et bordure d'ornements d'or rehaussés d'émail bleu, rose et vert. Époque Louis XV.

18 — Autre Tasse, de forme arrondie, en vieux Sèvres, pâte tendre, décorée de médaillons de paysages, fond à rosaces et quadrilles en bleu et rose rehaussé d'or. Même époque.

19 — Tasse à deux anses, avec couvercle et soucoupe en vieux Sèvres, pâte tendre, fond rose et medaillons d'oiseaux.

20 — Plateau de forme contournée, à deux anses, en vieux Sèvres, pâte tendre, à quadrillages et bandes d'ornements d'or sur fond bleu, enrichi de bouquets de roses placés au centre des rosaces. Époque Louis XV.

21 — Tasse droite avec soucoupe en vieux Sèvres, pâte tendre, décorée d'un bouquet de roses et fond à écailles d'or sur fond bleu. Époque Louis XVI.

22 — Coupe ronde en céladon bleu turquoise, montée sur
un pied élevé en bronze doré, composé de quatre
montants droits à têtes d'aigles, enroulements et
pieds de lion en bronze doré, reliés par des guirlandes de fleurs. Style Louis XVI.

Haut. 27 cent.

BRONZES D'AMEUBLEMENT

23 — Joli Lustre en cristal de roche, à six lumières, avec
monture très-élégante en bronze doré. Il est garni
de plaquettes, pendeloques, pyramides, pièces
d'enfilage, bobèches, bassins et poire.

Haut. 95 cent.

24 — Grande et belle Pendule à cage, cintrée par le haut,
en bronze ciselé et doré au mat, enrichie de colonnettes aux angles. Mouvement à balancier
compensateur, battant la seconde, par Revel. Le
cadran émaillé par Dubuisson, marque les heures
et les quantièmes. Travail de la fin du règne de
Louis XVI

Haut. 54 cent.

25 — Deux charmants petits Flambeaux Louis XVI en
bronze ciselé et doré au mat, composés chacun
d'un groupe de trois figures de femmes debout et
accolées, reposant sur un pied à ressauts enrichi
d'ornements ciselés rapportés sur un fond bruni.
Le groupe principal est surmonté d'une corbeille
de fleurs servant de bobêche. Nous attribuons ces
flambeaux à GOUTHIÈRES.

Haut. 21 cent.

26 — Deux belles Girandoles en bronze ciselé et doré,
composées d'un flambeau terminé par une
flamme, autour duquel s'enroulent trois branches porte-lumières à grappes de vigne et feuil-
lages ciselés. Les pieds sont ornés de larges feuilles
d'acanthe et portent sur la plinthe divers numéros
et marques, parmi lesquels nous remarquons les
lettres G. T., surmontées d'une couronne qui
indiquent que ces pièces proviennent du grand
Trianon.

Haut. 39 cent.

27 — Deux très-jolis Bras de cheminée en bronze ciselé et
doré, composés chacun d'une cariatide d'enfant
se terminant en gaîne et tenant deux cornes
d'abondance, porte-lumière, reliées par un ruban.
Travail très-fin du temps de Louis XVI.

Haut. 38 cent.

28 — Deux autres jolis Bras de cheminée en bronze ciselé
doré au mat, composés chacun d'une cariatide
d'enfant tenant de chaque main une branche à
rinceaux porte-lumière. Époque Louis XVI.

Haut. 35 cent.

29 — Deux jolis Bras, du temps de Louis XVI, en bronze
doré, composés chacun d'un carquois garni de
flèches, auquel s'enroulent deux branches de
fleurs porte lumières. Le carquois est suspendu
par deux chaînes reliées entre elles par une couronne de fleurs finement ciselées.

Haut. 45 cent.

30 — Deux Vases, forme aiguière, en marbre vert Campan,
montés en bronze, finement ciselé et doré. Les
anses sont formées d'une chèvre debout. Époque
Louis XVI.

Haut. 43 cent.

31 — Pendule, du temps de Louis XVI, en bronze ciselé et
doré au mat, composée de deux cariatides d'hom-
mes barbus accroupis, dont les bras et les jambes
sont remplacés par de larges feuilles. Au-dessus
du cadran se trouve un joli trophée, composé
d'un carquois, de flèches, d'un flambeau et de
couronnes de fleurs. Le socle de marbre blanc est
enrichi d'une large moulure et d'enroulements
de branches de lierre et de lauriers finement
ciselés. Mouvement de Lepaute, à Paris.

Haut. 45 cent. Larg. 41 cent.

32 — Deux jolis Candélabres, du temps de Louis XVI, en
bronze doré, composés chacun d'une figure de
femme debout supportant une corbeille, d'où
s'échappent trois branches de tulipes porte-lumières. Socles à gorge cannelée sur base carrée.

Haut. 60 cent.

33 — Deux Flambeaux Louis XVI en bronze doré, à tige
et pieds cannelés, et bandeau orné de lauriers en
relief.

Haut. 27 cent.

34 — Deux jolis Flambeaux, du temps de Louis XVI, en
bronze ciselé et doré au mat, composés de figures
d'homme et de femme accroupis supportant chacun un vase ovoïde formant bobêche. Modèle
rare.

Haut. 19 cent.

35 — Deux Vases ovoïdes en porphyre rouge oriental,
montés en bronze doré. Les anses sont formées
de têtes de femmes en ronde-bosse avec termes
ornés; les culots sont découpés à jour et la gorge
est ciselée à feuilles. Époque Louis XVI.

Haut. 27 cent.

36 — Deux petits Bras à deux lumières en bronze doré;
ils se composent chacun d'un mascaron dont les
moustaches se terminent par des branches porte-
lumières. Modèle curieux du temps de Louis XVI.

Haut. 26 cent.

37 — Deux Flambeaux Louis XVI formés de figurines
d'enfants portant un vase porte-lumière en bronze
doré et reposant sur un piédestal carré en marbre
vert Campan, garni de bronzes.

Haut. 30 cent.

38 — Deux jolis Flambeaux, de style Louis XVI, en bronze
ciselé et doré au mat, composés chacun de trois
pieds à consoles et cariatides de femmes, reliées
par des guirlandes de fleurs, supportant la bobêche et reposant sur une base à ressauts ciselée
à lauriers et cannelures.

Haut. 22 cent.

39 — Deux Flambeaux pareils à ceux qui précèdent.

Haut. 22 cent.

40 — Lustre, de style Louis XVI, à douze lumières, en
bronze ciselé et doré au mat. Les branches sont
composées de rinceaux élégants, reliées par des
guirlandes de fleurs, et la tige est enrichie à sa
partie supérieure par trois figurines d'enfants
assis soufflant dans des trompettes et se terminant par des enroulements. Le modèle original
de ce lustre a été composé par Gouthières.

Haut. 65 cent.

41 — Autre Lustre, de même style, en bronze ciselé et doré
au mat, composé de huit branches à rinceaux
porte-lumières, reliées à la tige centrale par des
rubans surmontés de branches de fleurs.

Haut. 57 cent.

42 — Deux Chenets Louis XVI en bronze doré; modèle à
vases et galerie; cette dernière surmontée d'un
groupe de fleurs.

Larg. 32 cent.

43 — Autre paire de Chenets Louis XVI en bronze doré,
composés d'une galerie ornée et de deux vases
ciselés.

Larg. 29 cent.

44 — Porte-pelle et Pincettes, de style Louis XVI, en bronze doré. La pelle et la pincette ont des boutons de bronze doré.

COUPE EN AGATE

45 — Grande et belle Coupe ovale, en agate orientale, montée sur piédouche et à anses, têtes de béliers en argent ciselé et doré.

Larg. totale 26 cent.

MEUBLES

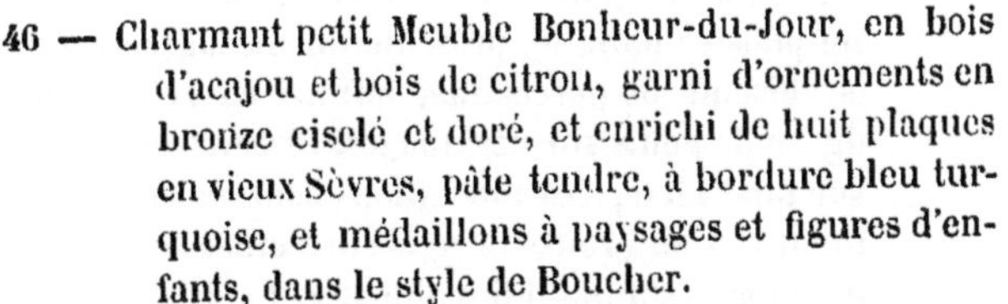

46 — Charmant petit Meuble Bonheur-du-Jour, en bois d'acajou et bois de citron, garni d'ornements en bronze ciselé et doré, et enrichi de huit plaques en vieux Sèvres, pâte tendre, à bordure bleu turquoise, et médaillons à paysages et figures d'enfants, dans le style de Boucher.

Le corps inférieur, formant bureau, a ses

angles arrondis, et il est supporté par quatre piéds cannelés.

Le corps supérieur, avec porte et tiroir au centre, a ses côtés cintrés, formant étagères, garnis de plaques de marbre blanc et de galeries à jour, et il est enrichi de pilastres cannelés, à chapiteaux ioniques et guirlandes de fruits. Le dessus est en marbre blanc, avec galerie de bronze doré. Epoque Louis XVI.

Haut. 1 m. 46 c. Larg. 88 c.

47 — Jolie Table-bureau, de mêmes style et travail, en bois d'acajou, à angles arrondis, garnie d'ornements de bronze ciselé et doré, et enrichie au pourtour de vingt plaques de vieux Sèvres, pâte tendre, fond bleu turquoise, décorées de festons de fleurs en couleurs. Les pieds sont formés de colonnettes cannelées et le dessus est garni de maroquin rouge et d'une galerie de bronze doré à ornements à jour.

Larg. 81 c.

48 — Grand et beau Meuble d'entre-deux, fermant à deux portes, avec tiroir au-dessus et à côtés cintrés et rentrants. Il est en bois d'acajou avec panneaux de bois de citron, et garni aux angles de colonnes ioniques, avec cannelures en cuivre poli, et chapiteaux et embases de bronze doré. Chacune des portes de ce meuble, séparées par un pilastre ionique, présente un médaillon rond en biscuit de porcelaine, offrant en relief une figure de génie sur des nuages, réservée en blanc sur fond bleu; ces médaillons sont encadrés de moulures en bronze doré, et surmontés de nœuds de rubans simulant des attaches. La frise supérieure se compose d'ornements et de rosaces en

bronze doré, et les pieds modèle toupie sont
ornés de tores de lauriers en bronze doré.
Dessus de marbre blanc avec galerie à jour en
bronze doré. Epoque Louis XVI.

Larg. 1 m. 60 c. Haut. 1 m. 2 c.

49 — Belle Armoire en bois d'acajou, fermant à deux
portes pleines, garnie de beaux ornements en
bronze ciselé et doré. Les angles coupés sont
cannelés et ornés de modillons en bronze doré.
Belle ébénisterie du temps de Louis XVI.

Haut. 7 m. 85 c. Larg. 1 m. 50 c.

50 — Grande et belle Commode en bois d'acajou, garnie
de beaux ornements en bronze ciselé et doré, et
enrichie d'un large médaillon quadrangulaire,
représentant un vase de fleurs, en marqueterie
de bois se détachant en couleurs sur fond d'é-
rable.

Les deux grands tiroirs sont garnis d'anneaux
formés de lauriers suspendus à des nœuds de
rubans, et le tiroir supérieur est orné d'une frise
à rosaces en bronze doré; pieds à griffes de lions
et dessus de marbre blanc. Ce beau meuble a été
exécuté par Riesener.

Larg. 1 m. 40 c. Haut. 90 c.

51 — Autre Commode à trois tiroirs superposés, dont
deux grands et un petit, en bois d'acajou, garnie
d'ornements de bronze doré. Les angles coupés
sont ornés de mufles de lions et de couronnes
de fleurs suspendues à des rubans. La frise supérieure offre des ornements à rosaces en bronze
ciselé et doré. Dessus de marbre griotte d'Italie.
Travail de la fin du règne de Louis XV.

Larg. 83 c. Haut. 92 c.

52 — Chiffonnier en bois satiné et marqueterie de bois à
fleurs, garni de chutes, d'une frise à rosaces et
d'ornements en bronze ciselé et doré. Dessus
de marbre blanc avec galerie à jour. Ce meuble
a été exécuté par RIESENER.

Haut. 1 m. 42 c. Larg. 87 c.

53 — Joli Meuble d'entre-deux, de style Louis XVI, en
marqueterie de bois, à fleurs et draperies sur
fond de bois de citron. Il est garni d'ornements
très-fins en bronze doré au mat, et les deux
portes vitrées sont taillées à biseaux. Dessus de
marbre blanc avec galerie de bronze doré. Travail
moderne très-soigné.

Haut. 1 m. 23 c. Larg. 95 c.

54 — Table de nuit en marqueterie de bois de couleurs,
à fleurs et attributs divers, ornée de quelques
ornements de bronze doré. Epoque Louis XV.

Larg. 47 c.

55 — Table-bureau en bois de placage, garnie d'ornements et d'une galerie de bronze doré Dessus
en maroquin rouge. Epoque Louis XV.

Larg. 79 c.

56 — Petite Pendule et son socle-support à consoles, en
marqueterie de cuivre et écaille, richement garnie
de bronzes dorés. Epoque Louis XIV. Mouvement
de Marguerite, à Paris.

Haut. 82 c.

57 — Glace biseautée, avec cadre en bois sculpté et doré. Style Louis XV.

Haut. 1 m. 45 c. Larg. 80 c.

58 — Glace carrée, biseautée, avec cadre composé d'enroulements en bois sculpté et doré.

Haut. 1 m. 23 c. Larg. 90 c.

Renou et Maulde, imprimeurs de la Compagnie des Commissaires-Priseurs, rue de Rivoli, 144.   395

On a vendu, hier jeudi, à l'hôtel Drouot, la collection de feu M. le baron d'Outhoorn. Nous ne citerons de cette collection que les dix tableaux qu'elle renfermait, avec les prix auxquels ils ont été adjugés :

Une Halte de Voyageurs à l'entrée d'un bois, par Meissonnier, a été adjugée à 31,000 fr. — Jeune Homme à l'étude, par le même, 22.000 fr. — Le Vin du Curé, par le même, 20,500 fr. — Un Amateur de Dessins, par le même, 12,500 fr.

(Les deux premiers de ces tableaux, datés, l'un de 1865 et l'autre de 1862, étaient inconnus; ils étaient sortis de l'atelier de l'artiste pour entrer dans la collection de M. le baron d'Outhoorn, et n'avaient figuré dans aucune exposition.)

La Chasse au Sanglier, par Decamp, a été adjugée à 9.600 fr. — La Caravane passant un gué, par Marilhat, 6,950 fr. — Nymphe et Amour, par Diaz, 1,415 fr. — Le Goûter, par Plassan, 1,120 francs. — Les Fruits, par le même, 700 fr. — Une Tête de Jeune Fille, par Boucher, 410 fr.

... . pays par des ....nts, des pourvois, des défauts après le tirage du jury, et, depuis, la loi de juin 1853 introduisit dans le droit commun des affaires soumises au jury plusieurs de ces précautions enseignées par l'expérience.

Fonctionnaires. — La reprise de possession par le jury de la connaissance des délits politiques de la presse doit donner aussi le signal de la restauration d'une autre mesure libérale, qui pourrait être indépendante de la nature de la juridiction, mais qui est tellement en harmonie avec le mode habituel par lequel s'opère la conviction des jurés, qu'elle a toujours partagé le sort de l'institution du jury en matière de délit de presse.

Le législateur de 1819, refusant, dans l'état actuel de nos mœurs, au diffamateur la faculté de prouver les faits par lui allégués, lorsque ces faits appartiennent à la vie privée, accordait cette faculté, avec l'usage de tous les modes de justification, pour les faits qui se rattachent à la vie publique.

Tandis que Royer-Collard proclamait, sous cette forme méthaphorique, que la vie privée doit être murée, un principe utile à la tranquillité des particuliers (1), M. de Serre disait : « Si la vie privée des fonctionnaires n'appartient qu'à eux-mêmes, leur vie publique appartient à tous. C'est le droit et souvent le devoir de chacun de leur reprocher publiquement leurs fautes publiques. L'admission à la preuve est alors indispensable. La censure, sachant qu'elle sera dans l'obligation de prouver, en aura plus de mesure et plus de dignité. Le droit reconnu de prouver la vérité fera punir plus sévèrement la calomnie con-